Mara Reder

Kreativität als Lebenseinstellung

Wie wir unser kreatives Potenzial entdecken

Bibliografische Information der Deutschen Nationalbibliothek:

Die Deutsche Nationalbibliothek verzeichnet diese Publikation in der Deutschen Nationalbibliografie; detaillierte bibliografische Daten sind im Internet über http://dnb.d-nb.de abrufbar.

Inhaltsverzeichnis

„Die wesentliche Quelle der Kreativität scheint dieselbe Neigung zu sein, die wir in der Psychotherapie so eindrücklich als heilende Kraft erleben – das Bestreben des Menschen, sich selbst zu verwirklichen und seine Möglichkeiten auszuleben. Damit meine ich [...] den Drang, sich zu erweitern, sich auszudehnen, sich zu entwickeln und zu reifen -,die Tendenz, alle Kapazitäten des Organismus zum Ausdruck zu bringen und zu verwirklichen [...] sie kann sich hinter komplizierten Fassaden verbergen. Es ist jedoch meine feste, auf Erfahrung gegründete Überzeugung, dass sie in jedem Individuum existiert und nur auf die geeigneten Umstände wartet, um hervorzutreten und sich zu entfalten." (Rogers zit. nach Adams: 67f.)

1 Einleitung

Seit Anfang des Studiums beschäftigt mich die Frage, wie ich zu meinem persönlichen Ausdruck finde. Was möchte ich ausdrücken ohne dass es jemand von mir erwartet oder ich mich den Ansprüchen anderer in irgendeiner Weise versuche anzupassen? Ich fühlte mich verschult und hatte das Gefühl nicht zu wissen, was mich eigentlich interessiert. Mit der Zeit merkte ich, wie viele meiner KommilitonInnen ähnliche Gedanken und Schwierigkeiten hatten. Es viel den meisten nicht leicht, Abstand zu Bewertungen einzunehmen und frei von anderen Meinungen ihr eigenes Interesse zu finden und diesem auch nachzugehen.

Durch diese Bachelorarbeit möchte ich die persönliche Kreativität erforschen. Meine leitenden Fragen lauten: Wie entsteht Kreativität? Wodurch kann unsere Kreativität und unser freier Ausdruck gehemmt werden? Und wie können wir unsere persönliche Kreativität fördern und im Sinne einer Selbstverwirklichung nutzen?

Ich beziehe mich in meiner Arbeit auf die Literatur verschiedener Experten, unter anderem aus den Bereichen der Psychologie, der Kunsttherapie, der Medizin und verschiedenen kreativen Feldern.

Zunächst werde ich mich dem großen Begriff der Kreativität nähern und klären, um welche Form der Kreativität es sich in dieser Arbeit handelt. Anschließend möchte ich kurz auf den Nutzen des kreativen Denkens und Handelns eingehen und darauf, welche Wirkung es auf uns haben kann. Daraufhin komme ich zur Entstehung unserer Kreativität, wofür ich auf einige entscheidende

Vorgänge in unserem Gehirn eingehen und die schöpferische Funktion unserer Tagträume erklären werde.

In dem Kapitel Was blockiert unsere Kreativität werde ich auf bestimmte Umstände, Verhaltensweisen, sowie Denkgewohnheiten eingehen, die unser kreatives Potential hemmen können. Und schließlich werde ich aufzeigen, welche Bedingungen für unsere Kreativität entscheidend sind und wie wir uns selbst als kreative Wesen verstehen können.

2 Was ist Kreativität?

> „Kreativität ist vielleicht die grundlegendste aller menschlichen
> Fähigkeiten" (Brunner 2008: 5)

Es gibt viele Antworten auf die Frage was Kreativität ist. Die Antworten sind ebenso vielfältig wie die Situationen der handelnden Menschen.

Drehen wir die Frage zunächst um. Was ist unkreativ? Eine Routinehandlung, ein bloßes Wiederholen von etwas, wird nicht als kreativ erachtet. Ebenso kann ein ausschließlich destruktives Verhalten nicht kreativ sein. (Brodbeck 1997: o.S) Die Kreativität ist die Hervorbringung von etwas Neuem, dass auf irgendeine Weise nützlich ist. „Eine Leistung, die neu und gleichzeitig nützlich ist, bezeichnet man als kreativ. Die Person, die solch eine Leistung vollbringt, ist kreativ." (Schuster 2016: 13)

Hier stellt sich die Frage: für wen ist die kreative Leistung neu oder nützlich? In dieser Arbeit wird es nicht um einmalige, historische Leistungen gehen, nicht um die Produkte und Resultate der Kreativität, die zu globalen Veränderungen geführt haben. Es geht um den persönlichen und individuellen Prozess der Kreativität, um die primäre Kreativität, die unserer Selbstverwirklichung dient. Auch wenn jemand nur für sich erstmals etwas Neues entdeckt oder ausprobiert, können wir im persönlichen Sinn sehr wohl von Kreativität reden, unabhängig davon ob es welthistorisch zum ersten Mal gedacht wurde. (vgl. Brodbeck 1997: 0.S)

Es genügt die innere Gewissheit, das mein Tun und Denken neu und wertvoll ist. (vgl. Csikszentmihalyi 2015: 43)

Ferner wird der Kreativitätsbegriff häufig nur auf wenige Berei-
che des menschlichen Handelns, unter anderem Kunst, Musik und
Wissenschaft, beschränkt. Dabei verdeutlicht beispielsweise die
einfache Sprachverwendung den kreativen Prozess. Die Wörter,
die wir beim Sprechen oder Schreiben verwenden, sind uns bereits bekannt und unsere Gedanken sind auch nicht immer neu.
Doch die Zusammenstellung der Wörter, die Abfolge der Sätze,
sind neu. Trotzdem können wir uns miteinander verständigen.
Dies ist eine kreative Fähigkeit, aus den uns bekannten Wörtern
Sätze und Geschichten zu machen und zu verstehen. (vgl. Brodbeck 1997: o.S) Laut Nachmanovitch sei jede Unterhaltung eine
Form von Jazz. (Nachmanovitch 2008: 27)

Die Kreativität ist somit nichts, was als Fähigkeit erst hervorgebracht werden müsste oder was nur wenigen Genies vorbehalten
ist. Sie ist bei jedem Menschen vorhanden. Bereits Säuglinge nehmen Reize aus ihrer Umwelt auf und verarbeiten sie zu ihren ganz
eigenen emotionalen und intellektuellen Formen. Von Anfang an
komponieren wir uns unsere eigene Welt. Zahllose Handlungen,
Denkformen oder Verhaltensweisen im Alltag sind durchzogen
mit kreativen Lösungen, wenn auch nach Art und Inhalt sehr dif-
ferenziert. Das Leben selbst bedeutet, kreativ zu sein. Diese Fähigkeit aktualisiert sich bei unterschiedlichen Tätigkeiten und je
nachdem wie wir sie pflegen, bleibt sie bis ins hohe Alter bestehen.
(vgl. Holm-Hadulla 2014: 70)

Dennoch kann unsere Kreativität durch äußere Einflüsse, Ängste
und Gewohnheiten eingeschränkt und verhindert werden, was ich
im weiteren Verlauf aufzeigen werde. (vgl. Brodbeck 1997: o.S)

2.1 Die Primäre Kreativität

Abraham Maslow, Psychologe und Mitbegründer der Humanistischen Psychologie, war eine bedeutende Person, im Versuch die Kreativität zu verstehen. Er unterschied zwischen primärer und sekundärer Kreativität. Sekundäre Kreativität ist das, was die meisten Menschen demonstrieren, die in einer bestimmen Domäne tätig sind und von der Beurteilung und Anerkennung ihres Umfelds abhängig ist. (vgl. Adams 2004: 217) Sie entspricht den meisten gängigen Definitionen der heutigen Zeit, einem nutzenorientierten Ansatz, also Kreativität als Mittel zum Zweck. Dies bedeutet vor allem gesellschaftlich Nützliches Schaffen und sichtbare Ergebnisse. (vgl. Brunner 2008: 9)

Die primäre Kreativität, um die es in dieser Arbeit vorrangig geht, entstammt, laut Maslow, unserem primären, tiefen Selbst. Bei Kindern ist diese auf natürliche Weise vorhanden, bei vielen Erwachsenen jedoch stark blockiert.

In einer von Maslow selbst durchgeführten Studie stellte er fest, dass eine große Zahl der untersuchten Menschen hochgradig kreativ war, ohne über ein besonderes Talent in Bereichen, die gemeinhin mit Kreativität in Verbindung gebracht werden, verfügten oder Genies waren. Sie waren jedoch hochgradig kreativ in ihrer Fähigkeit sich selbst zu verwirklichen und in ihrem Alltag originell und erfinderisch. Maslow begann das Wort Kreativität auf viele Aktivitäten und Einstellungen außerhalb jener Kategorien anzuwenden, denen die kreative Eigenschaft für gewöhnlich zugeschrieben wird, wie beispielsweise der Literatur, Kunst oder Wissenschaft. Er unterschied nun zwischen der talentbezogenen

Kreativität, die üblicherweise mit Kreativität assoziiert wird, und der von ihm so bezeichneten Selbstverwirklichungskreativität (primäre Kreativität), die sich in allem was wir tun, in gewöhnlichen und alltäglichen Handlungen, gleichermaßen manifestieren kann.

Maslow erkannte gewisse Gemeinsamkeiten in den Eigenschaften sich selbst verwirklichender Menschen, die in ihren alltäglichen Handlungen ein hohes Maß an Kreativität erkennen ließen. Er erkannte, dass diese Leute spontaner, ausdrucksfreudiger, natürlicher und in ihrem Verhalten weniger kontrolliert und angepasst waren, als der Durchschnitt. Sie waren ungehemmter und weniger selbstkritisch. (Adams 2004: 217f.) „Diese Fähigkeit, Ideen und Impulse unverklemmt auszudrücken und ohne die Angst, sich vor anderen lächerlich zu machen, erwies sich als wesentlicher Aspekt der sich selbst verwirklichenden Kreativität." (Maslow zit. nach Adams 2004: 219) Darüber hinaus zeigten sie weniger Angst vor Unbekanntem und Rätselhaftem und fühlten sich sogar davon angezogen.

Maslow sah eine Verbindung zwischen den kreativen Handlungen und der inneren Integration ihres Selbst. „In dem Maße, wie Kreativität aufbaut, verbindet, vereint und integriert, hängt sie von der inneren Integration des betreffenden Menschen ab." (Maslow zit. nach Adams 2004: 219) Dies führte er zurück auf ihr relatives Fehlen von Furcht, sowohl vor der Meinung anderer, als auch vor inneren Gedanken und Impulsen und ihrer Akzeptanz für ihr inneres Selbst. Vergleichspersonen hingegen, die weniger Kreativität in ihren Handlungen erkennen ließen, wehrten laut dem

Humanisten vieles von dem, was in ihrem Inneren lag, ab. Sie würden mehr kontrollieren, blockieren, verdrängen und unterdrücken. Darüber hinaus würden sie ihr inneres Selbst ablehnen und dies auch von anderen erwarten. Hierdurch, erklärt er, „verliert ein Mensch [...] viel, denn diese Tiefen sind zugleich Quelle all seiner Freuden, seiner Fähigkeit zu spielen, zu lieben, zu lachen und, was uns am meisten interessiert, kreativ zu sein." (Maslow zit. nach Adams 2004: 219)

3 Warum kreativ sein?

Der kreative Entdeckungsprozess, der immer mit einer Neuschöpfung verbunden ist, gehöre, laut Csikszentmihalyi, dem Erfinder des Flow-Phänomens, und all seinen kreativen Befragten, zu den erfreulichsten Aktivitäten überhaupt. Dieser Prozess enthält alle Bedingungen für den Flow-Zustand. (vgl. Csikszentmihalyi 2015:166f.)

Dieser mentale Zustand des Flow ist mit einem enormen Glücksgefühl verbunden. (vgl. Brunner 2008: 28)

Kreativ zu sein, stärkt unser Selbstwertgefühl. Wir können stolz auf das sein, was wir geschaffen haben. Darüber hinaus, entwickeln wir durch Kreativität das Gefühl „wir selbst zu sein". Der Kunsttherapeut Martin Schuster weiß: „[...] man kann Kreativität einsetzen, um die seelische Gesundheit zu verbessern." (Schuster 2016: 66) Allein das Bewusstsein, neben konventionellen Lösungen auch originelle und kreative zu suchen, führe zu mehr Selbstsicherheit. Hat man einmal mit einer kreativen Leistung ein Problem gelöst, kann dies ein überwältigendes und selbstwertstärkendes Gefühl sein und zur Bereitschaft und Lust führen, mehr Probleme auf neue Weise zu lösen. (vgl. ebd.: 66)

Eine Reihe wissenschaftlicher Studien zeigen, dass kreatives Gestalten die menschliche Entwicklung, sowohl bei Kindern, jungen Erwachsenen, als auch bei Älteren, positiv beeinflussen kann. Es stellt eine wichtige Ressource für unsere persönliche und soziale Gesundheit dar. Laut Rainer Holm-Hadulla, Facharzt für psychosomatische Medizin und Psychotherapie, bedarf es von frühester

Kindheit an, einer Förderung und Anerkennung unserer kreativen Leistungen. (vgl. Holm-Hadulla 2014: 70) „Kreativität ist [...] kein schöner Luxus, sondern eine lebenswichtige individuelle und gesellschaftliche Aufgabe." (Ebd.: 71)

Laut den Humanisten stellt Kreativität eine Reaktion auf elementare Bedürfnisse des Menschen dar. Ihnen zufolge sind Menschen kreativ, um zu wachsen, Konflikte zu lösen und sich selbst zu verwirklichen. Darüber hinaus brauchen wir die Fähigkeit zur Kreativität um uns an wechselnde Umweltbedingungen anpassen zu können und nicht zu erstarren, was ich im Kapitel der Tagträume nochmal aufgreifen werde. (Adams 2004: 67)

4 Wie entsteht Kreativität?

In den folgenden drei Kapiteln werde ich klären, wie kreatives Denken überhaupt zustande kommt und wie wir es durch gezielte Mußezeiten und Tagträume fördern können.

4.1 Das Default Mode Netzwerk (DMN)

Aus neurobiologischer Sicht kann man Kreativität als „Neuformierung von neuronal gespeicherten Informationen" bezeichnen. (Holm-Hadulla 2014: 69) Wie geschieht dies?

Der Neurologe Marcus Raichle stellte 1998 bei Studien mit dem Kernspintomografen fest, das bestimmte Hirnareale bei seinen Probanden aktiver wurden, sobald die Testpersonen aufhörten, zielgerichtet zu denken.

Dies war die Entdeckung des Default Mode Netzwerks (DMN), auch Ruhezustandsnetzwerk genannt. (vgl. Schnabel 2010: 118f.) Es setzt sich aus einer Reihe posteriorer (hinten), medialer (mittig) , anterior-medialer (vorne mittig) und lateral-parietaler (beidseitig am oberen Hinterkopf) Gehirnregionen zusammen, die beim Nichtstun, Schlafen und Tagträumen aktiv werden. Die einzelnen Regionen sind durch Knotenpunkte miteinander verbunden und ergeben somit ein ganzes Netzwerk. (vgl.Smart 2014: 66f.) Unser Gehirn ist während vermeintlicher Denkpausen also nicht weniger aktiv, als wenn wir hochkonzentriert sind und Probleme lösen, lesen oder reden. (vgl. Ernst 2011: 93f.)

Das meiste neuronale Treiben in unserem Denkorgan hat nichts mit dem Empfangen und Beantworten von Reizen oder dem

Steuern von Bewegungen zu tun. Nur eine von 10.000 Nervenverbindungen in unserer Großhirnrinde leitet In- und Output weiter, der weit überwiegende Teil der Verknüpfungen dient dem internen Signalaustausch. Sogar in Hirnteilen, in denen vermeintlich nur Sinneseindrücke verarbeitet werden, überwiegt der interne Austausch. Laut dem Neurophysiologen Lars Muckli stammen mehr als 90 Prozent der Signale, die die primäre Sehrinde empfängt, nicht, wie vielleicht vermutet, von den Augen, sondern aus anderen Cortexregionen. Das, was wir sehen, hören, schmecken, oder tasten, ist nicht einfach das, was uns die Sinne melden, sondern das, was das Gehirn daraus macht. Dabei stellt es ununterbrochen Hypothesen auf und bewertet diese anhand der eintreffenden Sinnesdaten. (vgl. Ayen 2016:139-141)

Im DMN werden Eindrücke verarbeitet, Erinnerungen verknüpft und neue Ideen bereitgestellt. Es überprüft frühere Lösungsversuche und bastelt an der Synthese neuer, kreativer Ansätze. (vgl. Ernst 2011: 92f.) Es unterstützt somit die Selbsterkenntnis, das autobiografische Gedächtnis, soziale und emotionale Vorgänge, sowie die Kreativität und hilft dabei, Gelerntes zu verarbeiten.

Wissenschaftler interpretieren die Aktivität im DMN als einen Blick nach innen, als Gedanken, die sich frei und ungebunden innerhalb der eigenen mentalen Landschaft bewegen. Wer losgelöst von äußeren Reizen vor sich hin träumt, setzt damit große Kapazitäten im Gehirn frei, um ungehemmt assoziieren zu können. Im Default-Modus kann unser Kopf mühelos und in scheinbar unzähligen Variationen Gedankenverbindungen knüpfen. Nur dadurch ist es möglich, Sinneseindrücke zu sinnvollen Gedanken zu formen oder mit bereits bestehendem Wissen in Verbindung zu bringen. Das DMN bildet sozusagen die neuronale Basis für inspiriertes, schöpferisches und kreatives Denken. (vgl. Döring/Mittelstraß 2017: 89f.)

Ebenfalls spielt das DMN eine Rolle bei der Metakognition, also dabei, wie wir uns selbst sehen, wenn wir bewusst Tagträumen. Einer der besten Wege um sich besser kennenzulernen sei somit, sich einen ruhigen Ort zu suchen und gedanklich eine Weile abzudriften. (vgl. Smart 2014: 68f.) Darüber hinaus versucht unser Gehirn im DMN unser soziales Leben in der Realität zu verarbeiten und zu ordnen. Beispielsweise indem wir uns in Gedankenspielen in andere Menschen hineinversetzen und versuchen ihre Absichten zu verstehen und deren Perspektive einzunehmen. Der Psychologe Heiko Ernst spricht von einer Art Trainingslager für soziale Interaktion. Laut ihm sei das DMN essentiell, um das Navigieren in der sozialen Umwelt zu beherrschen und Erinnerungen, Fantasien und Szenarien miteinander abzugleichen, um zwischen Innen und Außen zu vermitteln. (vgl. Ernst 2011: 96) Durch das Aktivieren dieses Hirnnetzwerks wird die gedankliche Handbremse gelöst und unser Denken bekommt frischen Wind. Laut dem Psychologen Steve Ayen könne man dann natürlich auch über Unwissenheit, begangene Fehler und verpasste Chancen stolpern. (vgl. Ayen 2016: 150f.) Dennoch sei ein gesunder Leerlaufmodus geradezu lebenswichtig für unsere geistige Gesundheit. Wir versichern uns im Leerlauf unbewusst unserer Geschichte und der eigenen Identität und würden so die Grundlage für unser Selbstgefühl legen, so Schnabel. (vgl. Schnabel 2010: 119ff.) Auch Ernst hält den default mode für wichtig: „Tagträume sind kein Luxus, keine Kür, sondern Pflichtübungen des menschlichen Bewusstseins." (Ernst 2011: 97)

Wenn es zu ungewöhnlichen Aktivitäten im DMN kommt, kann dies auf geistige Erkrankungen hinweisen. Bei Schizophrenie beispielsweise weist das DMN Hyperaktivität und Hyperkonnektivität auf, wodurch die Unterscheidung zwischen Fantasie und Wirklichkeit schwerfallen kann. Bekanntlich liegt zwischen Genialität und Wahnsinn ein schmaler Grad. Hier finden wir eine mögliche Erklärung dieser Aussage, denn ein gut funktionierender default mode unterstützt unsere Kreativität immens, ein überaktiver hingegen, lässt uns das Gefühl zur Wirklichkeit verlieren. (vgl. Smart 2014: 78)

4.2 Inkubation

Inkubation wird von Neurowissenschaftlern und Psychologen als das unbemerkte Ausarbeiten von Ideen und Lösungen im Gehirn bezeichnet, quasi als das ausbrüten (= lt. incubare) von Ideen. (vgl. Döring/Mittelstraß 2017: 82) Sie findet dann statt, wenn wir nicht bewusst und aktiv an der Problemlösung arbeiten und unser DMN aktiv ist. (vgl. ebd.: 96) Wenn wir an einem Problem arbeiten und mittendrin eine Pause machen, kann unser Gehirn im Tagtraum-Modus weiter daran arbeiten.

Jonathan Schooler hat in einer Studie die Arbeitsweise von Schriftstellern und Physikern untersucht. Dabei stellte er fest, dass 40 Prozent der Ideen die diese Menschen entwickelten, entstanden sind, als sie nicht mit dem eigentlichen Problem beschäftigt waren, sondern etwas gänzlich anderes taten, wobei sie Tagtraum-

18

Phasen hatten. (vgl. ebd.: 100f.) Andererseits hat Schooler Hinweise dafür gefunden, dass es einen negativen Zusammenhang zwischen hoher Aufmerksamkeit und Kreativität gibt. (vgl. ebd.: 103)

Genialen Einfällen geht natürlich eine Zeit intensiven Nachdenkens voraus. Allerdings folgt das bewusste denken oft nur den bekannten und ausgetretenen Pfaden und wer allzu verbissen nach einer Lösung sucht, würge seine Kreativität regelrecht ab. Laut Wissenschaftler Ulrich Schnabel werde es dann Zeit, sich der Weisheit des DMN zu überlassen. Denn wenn der äußere Input fehlt, kann das Gehirn auf einen riesigen Schatz an gespeichertem Wissen zurückgreifen. (vgl. Schnabel 2010: 121f.)

„Wirklich schöpferische Einfälle kommen uns am ehesten dann, wenn wir sie nicht mit aller Macht zu erzwingen versuchen" wusste laut Schnabel schon der Dichter Sait-Pol-Roux. So entstehen neue Gedanken und manchmal unerwartete Geniestreiche ganz von selbst. (vgl. ebd.: 22)

4.3 Tagträume

Tagträume sind der Stoff, aus dem unsere Kreativität entsteht. (vgl. Ernst 2011: 63) Sie sind bildhaft erlebte, mit Träumen vergleichbare Phantasievorstellungen und Imaginationen, die im Wachzustand erlebt werden. Sie können entweder bewusst herbeigeführt werden und sind meist willentlich steuerbar, oder sie stellen sich durch Unaufmerksamkeit und nachlassende Konzentration von selbst ein. Die Aufmerksamkeit entfernt sich beim Tagträumen von äußeren Reizen und Einflüssen und wendet sich der

19

Innenwelt zu. (vgl. Stangl 2017: o.S.) Bis zu 50 Prozent unserer Denkarbeit verbringen wir mit Tagträumen. (vgl. Döring/Mittelstraß 2017: 101)

Laut Sigmund Freud seien die Triebkräfte der Tagträume unsere unbefriedigten Wünsche. So wie das Spielen der Kinder vom Wünschen dirigiert werde, seien auch die Luftschlösser und Tagträume der Erwachsenen Wunschbilder, in denen eigensüchtige, selbsterhöhende und erotische Wünsche eine Ersatzbefriedigung fänden. (vgl. Ernst 2011: 16f.) Im Kern eines Tagtraumes wird fast immer eine Differenz zwischen Wunsch und Wirklichkeit erkennbar: eine Frustration, eine Sehnsucht, ein Nicht-haben-können oder ein Verlangen nach Veränderung. Sie sind ein wichtiges Instrument emotionaler Selbstregulierung in Lebenssituationen, die wir momentan noch nicht verändern können und verschaffen uns Trost, Sicherheit, Hoffnung und Genuss. Wir distanzieren uns von der Außenwelt und erproben, idealisieren oder kompensieren, was uns in der Realität beschäftigt und werden dadurch erst realitätstüchtig. (vgl. ebd.: 22f.)

„In den alltäglichen Tagträumen figurieren wir als das, was wir sind, plus etwas, das wir kreativ hinzufügen." (ebd.: 25) Laut Heiko Ernst versuchen wir fast immer unser Selbstbild zu unseren Gunsten zu retuschieren, es abzurunden oder zu verschönern. Wir gestalten es erträglicher, indem wir störende Macken verdecken oder uns bestimmte positive Attribute dazudenken. In unseren Tagträumen schaffen wir es zu Ruhm, Ehre und Unsterblichkeit. (vgl. ebd.: 25ff.) Sie bieten uns einen Proberaum, in dem wir Gefühle durchleben und Impulse ausführen dürfen, die wir uns in der

Realität aus guten Gründen verbieten. Wenn wir beispielsweise verletzt wurden oder uns gedemütigt fühlen, können wir in der Fantasie zurückschlagen. (vgl. ebd.: 32)

Häufig wird ein Tagtraum durch äußere Anstöße in Gang gesetzt, durch Außenreize, bei denen wir hellhörig werden, weil sie unsere Wünsche und Bedürfnisse tangieren. (vgl. ebd.: 50) Doch rufen wir uns häufig selbst zur Ordnung wenn wir bemerken, dass wir träumen. Wir reagieren irritiert und teilweise sogar beschämt, wenn wir bemerken welche irrealen und „unreifen" Szenarien sich in unseren Köpfen abspielen. Anders als für die Träume der Nacht, fühlen wir uns für unsere Tagträume verantwortlich und denken, wir würden sie selbst in Szene setzen. Unpassende Wünsche, sexuelle Begierden, aggressive Impulse, Rachevorstellungen oder Großtaten, die uns die Bewunderung der Anderen einbringen, werden von unserem bewussten Ich unterdrückt oder zumindest ausgeblendet und geheim gehalten. (vgl. ebd.: 14-19)

Laut Ernst machen Tagträume den Kern unserer Persönlichkeit aus und seien in reinster Form Abbild unseres Charakters.

Sie enthüllen die Stärken und Schwächen, die geheimsten Sehnsüchte und Ängste eines Menschen.

Selbst die flüchtigsten und absurdesten Tagträume seien ein individueller Ausdruck seines Geistes und seiner Seele. (vgl. ebd.: 100)

Durch die Fähigkeit zu Gedankenexperimenten und Reflexion habe die Spezies Mensch laut Ernst wesentliche Überlebensvorteile. Die Fähigkeit bildhaft zu denken, ist ein wesentlicher

Bestandteil der menschlichen Intelligenz und Kreativität. Denn Intelligenz meint vor allem die Fähigkeit, sich an veränderliche Umstände erfolgreich anzupassen und die aus Veränderung entstehenden Prozesse kreativ zu lösen. (vgl. ebd.: 52) „Die Fähigkeit zur bildhaften Vorstellung begründet alle schöpferischen Fertigkeiten des Menschen [...]." (ebd.: 54)

In Tagträumen begeben wir uns in eine innere Parallelwelt, die eine Gegenwelt zur äußeren Realität bereithält. In dieser stellen wir uns immer wieder vor, wie das Leben sein könnte oder wie es sein sollte, welche Rolle wir in unserem Leben noch spielen könnten. Selbst der simpelste Tagtraum, der uns über eine langweilige Situation hinwegträgt, ist im Kern ein Gegenentwurf zum Bestehenden und an sich schon ein kreativer Akt. Tagträume können den Charakter von Utopien gewinnen, wenn sie nur ausdauernd und detailliert genug geträumt werden. (vgl. ebd.: 189)

Der Psychologe Jerome Singer war einer der ersten Wissenschaftler, der den Zustand des Tagträumens in konkreten Zusammenhang mit kreativem Denken, Problemlösungen, Neugier, Entscheidungsfindung und einer erhöhten Fähigkeit zur Assoziation stellte. Er nannte es das 'positive, konstruktive Tagträumen' (Singer zit. nach Döring/Mittelstraß 2017: 86) und beschrieb damit die schöpferische und zukunftsweisende Ausrichtung der Tagträume. (vgl. Döring/Mittelstraß 2017: 86)

Damit sich verschiedene Eindrücke zu neuen Ideen formen können, ist ein stetes Wechselspiel zwischen bewusstem, zielgerichtetem Denken und der Aktivität des DMN nötig. Findet das DMN sinnvolle und nützliche Zusammenhänge, erzeugt es ein erkennbares Signal und die Idee tritt ins Bewusstsein. Im bewussten Denken kann der neue Einfall genauer betrachtet, abgewogen und weiterentwickelt werden. Laut einer vieldiskutierten Hypothese vereint das Tagträumen bereits Aktivitäten des DMN und des aktiven Denkens im stetigen Wechsel. Unsere Tagträume laufen also möglicherweise zielorientierter ab, als bisher vermutet. (vgl. ebd.: 94f.)

Laut Freud gibt es eine besondere Sphäre, in der es eine Aussöhnung zwischen Lust- und Realitätsprinzip, also zwischen Wunsch und Wirklichkeit, gibt, und zwar die Kunst. Die neuen Wahrheiten die der Künstler erschafft, entstehen zwar unter Zuhilfenahme des Realitätsprinzips und gründen auf einem Stück Wirklichkeit, doch können sie ohne den Stoff der Träume und Tagträume, also ohne die Fantasie, nie entstehen. Ohne „unreife", halluzinatorische oder verrückte Ideen gäbe es keine Kunst, keine Musik und auch keine Wissenschaft, also keine Kreativität. In dem bildhaften Denken und in der Vermittlung zwischen Innen- und Außenwelt, zwischen Psyche und Realität hat die menschliche Kreativität ihren Ursprung. (vgl. Ernst 2011: 58ff.)

In einem Versuch von Jonathan Schooler sollten seine Probanden möglichst viele Nutzungsweisen für einen Ziegelstein finden. Wenn man ihnen zwischendurch eine einfache Aufgabe stellte, die zum Tagträumen anregt, kamen sie auf mehr Lösungen als Vergleichsgruppen, die ohne Unterbrechung nachdachten. Darüber hinaus beobachteten er und seine Kollegen, dass Menschen mit Aufmerksamkeitsdefizitstörungen, von denen bekannt ist, dass sie viel tagträumen, außerordentlich kreative Lösungen für bestimmte Aufgaben finden konnten. (vgl. Schooler nach Bengsch 2012: o.S)

4.3.1 Menschen die ihre Tagträume aktiv nutzten

Der Tagtraum kann gezielt zur Produktionsbedingung von kreativen Werken genutzt werden. Von Frank Kafka beispielsweise ist verbürgt, auch durch Briefe und Tagebücher, dass er sowohl die nächtlichen Träume, als auch die Tagträume, als Quelle und Stilmittel nutzte. (vgl. Ernst 2011: 174)

Der Schriftsteller Karl May verarbeitete etliche Demütigungen, im Grunde das völlige Scheitern seiner bürgerlichen Existenz durch Fantasien. Als Sträfling rettete ihn seine lebendige Imagination vor Verzweiflung und Selbstmord. Er notierte sich die Inhalte seiner Tagträume, die später zur Grundlage von dutzenden Romanen wurden. Ernst Bloch schrieb über Karl May und dessen Werk: „Fast alles ist nach außen gebrachter Traum der unterdrückten Kreatur, die großes Leben haben will." (Bloch zit. nach Ernst 2011: 186) Mays Leben ist die Geschichte einer grandiosen Selbstrettung, gestützt auf die Kreativität seiner Tagträume. Im Tagtraum lässt sich das Erlittene umgestalten in eine allgemeingültige, berührende Geschichte, in ein Kunstwerk. Generationen von Jugendlichen konnten sich in die May'schen Gegenwelten flüchten und bekamen eine gigantische Projektionsfläche für ihre eigenen Tagträume von Abenteuer, Ruhm, Rache und Rechtfertigung. (vgl. Ernst 2011: 188)

Auch Sigmund Freud war sich der kreativen Wirkung des entspannten vor-sich-hin-denkens bewusst.1907 hielt er einen

Vortrag über die Frage, woher Autoren eigentlich ihre Geschichten schöpften. In diesem beschrieb er den schöpferischen Prozess, an dessen Ende die Verwirklichungen der dichterischen Kreativität stehen und kommt zu dem Schluss, dass das was der Autor zu Papier bringt, im Wesentlichen seine Tagträume seien. Er ziere und verfremde seine Fantasien, doch blieben sie als solche erkennbar. (vgl. ebd.:169)

Auch Rainer Maria Rilke wusste beispielsweise, dass es für seinen kreativen Schaffensprozess von immenser Bedeutung war, auch Zeit mit Nichtstun und Tagträumen zu verbringen. Er wollte, „mit Freude müßig sein". (Smart 2014: 90)

Rilkes erstaunliche Fähigkeit, sein Unterbewusstsein zu erforschen und womöglich lang vergessene Gefühle und Ereignisse aus Jugendzeiten hervorzuholen, kam wahrscheinlich daher, dass sein DMN während seiner Mußezeiten aktiv sein durfte. (vgl. ebd.: 93)

Denker wie er, Bertrand Russell oder Oscar Wilde, sind vielleicht auf etwas gestoßen, was die moderne Wissenschaft erst heute offenlegt. Alle diese Denker haben, genau wie viele andere auch, im Laufe ihres Lebens festgestellt, dass ein Mensch sein wahres Potential nur durch Muße und die Gelegenheit zum Tagträumen, erreichen kann. (vgl. ebd.: 36) „Gerade die aus dem üblichen Arbeitsalltag herausfallenden Taugenichtse, die Künstler, Philosophen, Dichter oder Erfinder produzierten oft jene Gedanken, die sich als wirklich neu und zukunftsweisend herausstellten." (Unamuno zit. nach Schnabel 2010: 164)

4.3.2 Wie wir unsere Kreativität durch Tagträume gezielt fördern können

Wie bereits angedeutet, untermauerte Jonathan Schooler in mehreren experimentellen Studien, dass Menschen, die oft tagträumen, kreativer sind als ihre „realistischeren" Mitmenschen. Doch wer sich seiner Fantasie nicht bewusst ist, könne sie auch nicht kreativ nutzen. Laut Schooler reiche es nicht aus nur tagzuträumen. Den Geist frei schweifen zu lassen sei der leichte Teil. Der schwierigere sei es, sich der Tagträumerei bewusst zu sein. Es lohne sich, den herumschweifenden Geist mit frei schwebender Aufmerksamkeit zu beobachten. (vgl. Ernst 2011: 84) Die eigenen Fantasien betrachten zu können, sie zu analysieren, zu verstehen und sie zu nutzen, sind Fähigkeiten, die wir lernen können. Wie bei anderen kreativen Tätigkeiten kommt es darauf an sich für Gefühle und Ideen zu öffnen, die bei nur nüchterner Betrachtung als störend oder irritierend gelten würden. Menschen unterscheiden sich in der Wahrnehmung ihrer Tagträume, manche lassen sich leichter von sinnlichen Eindrücken leiten und gestalten ihre Tagträume entsprechend aus. Einige Musiker „hören" eine innere Musik, manche Maler „sehen" Bilder, die noch nicht gemalt sind und Schriftsteller fantasieren eher in bühnenreifen Dialogen und Szenen. In unseren Tagträumen haben wir unseren eigenen Grundton, jeder träumt in seinem eigenen Stil. (vgl. ebd.: 88f.)

„Der Tagtraum ist wie eine Mahlzeit, bei der man Bilder isst. Manche von uns sind Gourmets, andere Gourmands, und nicht wenige holen sich ihre Bilder vorfabriziert aus der Dose und schlingen sie herunter, geistesabwesend und ohne Gewürze." (W.H.Auden zit. nach Ernst 2011:162)

5 Was blockiert unsere Kreativität?

Im Folgenden werde ich auf bestimmte Umstände, Verhaltensweisen, sowie Denkgewohnheiten eingehen, die unser kreatives Potential hemmen können.

5.1 Schulen und andere Institutionen

Unsere Kreativität kann, sowohl erweckt als auch gehemmt werden, je nachdem wie wir im Leben erzogen, ausgebildet und behandelt wurden. In der Schule kann die Kreativität in Kindern sowohl genährt als auch zerstört werden. Häufig ist zweiteres der Fall und im schlimmsten Fall werden ihnen die Flügel gestutzt und das freie experimentieren wird zu angepasstem Verhalten.

In dem englischen Wort für Bildung „education" steckt „educe" und bedeutet soviel wie extrahieren oder hervorrufen, was bereits vorhanden ist. Bildung bedeutet demnach, die Lebens- und Verständnisfähigkeiten eines Menschen herauszuholen und weniger einen Menschen mit vorgefertigtem Wissen zu füllen. Die Bildung sollte das Verhältnis zwischen Spielen und Erforschen anzapfen. Es sollte erlaubt sein, Sachverhalte zu untersuchen und sich selbst zu äußern. (vgl. Nachmanovitch 2008: 151-153)

Unsere Gesellschaft erhält sich durch ein sehr wirksames Motivationssystem, in dem erwünschtes Verhalten belohnt wird und unerwünschtes durch die Angst vor Bestrafung verhindert werden soll. Dies beginnt bereits bei der elterlichen Erziehung der Kinder und setzt sich in der Schule und später am Arbeitsplatz fort. Der Lohn der Arbeit zeigt sich in der Note oder am Gehalt.

Csikszentmihalyi warnt: „Je mehr eine Person in extrinsisch belohnende Rollen verstrickt ist, desto weniger wird sie aus sich selbst heraus zufrieden [sein] und um so mehr extrinsische Belohnungen sucht sie." Wenn unser Tun einzig auf die materielle Belohnung ausgerichtet ist, werden wir sowohl den Planeten, als auch uns Menschen ausplündern. Natürlicherweise wird der Mensch immer Dinge brauchen, für dessen Herstellung natürliche Rohstoffe und physische Energie unabdingbar sind. Kritisch wird es jedoch, wenn die Güter nicht zur Deckung des notwendigen Bedarfs, sondern vor allem als symbolische Belohnung zur Entschädigung einer „sinnlose[n] Lebens-Plackerei" dienen. Dies stiftet eine Entfremdung zwischen den Menschen und lässt einen Raubbau an unseren materiellen Gütern entstehen. Wir arbeiten, um einen Lohn zu erhalten, mit dem wir dann Dinge kaufen können, die uns glücklich machen sollen. Das die Zufriedenheit jedoch schon früher einsetzen kann, ist in unserer Gesellschaft weitestgehend unbekannt. (vgl. Csikszentmihalyi 2010: 19-22)

Kreativität lebt von Begeisterung und diese entsteht in Räumen, in denen offenes Denken und Träumen erlaubt ist. Sie braucht Raum zum Scheitern und Fehler machen, da dies wichtige Lernquellen sind. In der Schule sind Fehler allerdings keine Chancen, sondern Katastrophen, gefolgt von Beschämung und schlechten Noten. Die Angst Fehler zu machen und beurteilt zu werden ist nicht nur in der Schule, sondern allgemein gesellschaftlich vorhanden und hemmt unser kreatives Potential immens. Denn das Querdenken stört den festgelegten, kalkulierbaren und kontrollierbaren Plan. Das Zerlegen und Isolieren von Wissen in Fächer, lässt keinen Raum für Interdisziplinarität und unsere Fähigkeit, verschiedene Sachverhalte im Zusammenhang zu begreifen. Der Gestaltungswille ist jedem Menschen innewohnend, wie es bei kleinen Kindern deutlich wird. Dieser Gestaltungswille weicht in der Schule, wenn die Lösung auf die wir kommen sollen, schon im Lehrbuch steht. Die Grundbedingungen für Kreativität, darunter das Selbstdenken, die Urteilskraft, der Mut und die Interdisziplinarität werden in der Schule stark vernachlässigt. Unser kreatives Potential ist somit häufig unter vielen Hemmungen versteckt und wir tendieren eher dazu PflichterfüllerInnen und KonsumentInnen, als GestalterInnen zu sein. (vgl. Rasfeld 2014: 92f.) „Kreativität bedeutet Wagnis: alles Neue ist ungewiss, ist nicht konform. Es bedarf der inneren Freiheit des Individuums und der Geborgenheit in seiner Umgebung, um aus dem sicheren, vertrauten Kreis in Unbekanntes vorzustoßen." (Landau zit. nach Rasfeld 2014: 94)

Eine wichtige Voraussetzung zur Potenzialentfaltung ist die Anerkennung. Es ist ein Grundbedürfnis des Menschen mit seinen individuellen Fähigkeiten gesehen, beachtet und gewürdigt zu werden. Anerkennung ist ein bedeutender Faktor für unsere Motivation, für das Lernen, das Weiterlernen-Wollen und das Engagement von Kindern und Jugendlichen. (vgl. Rasfeld 2014: 98)

Laut Hildegard Westphal hat Verschulung den Effekt, dass die Schüler nicht mehr über eine für sie selbst gute Antwort nachdenken, sondern versuchen herauszufinden, was der Lehrer oder der Dozent hören will. (Westphal nach Döring/Mittelstraß 2017: 210) Auch in den meisten Unternehmen führen sich ähnliche Strukturen wie in Schulen fort.

Die meisten Arbeiter fahren in ihrem Job besser, wenn sie lediglich Anordnungen befolgen und sich der Eigeninitiative enthalten. (vgl. Adams 2004: 264)

5.2 Emotionale Blockaden

Etwas Neues auszuprobieren und durchzusetzen, erfordere, laut Schuster, Mut, Ausdauer und eine gewisse Unabhängigkeit von der Meinung anderer Menschen. Wir lernen sehr früh, häufig im Kindesalter, dass Abweichungen von der Gruppennorm zu Ausgrenzung führen kann, wodurch wir auch später noch eher zu Konformität als zu Kreativität tendieren. (vgl. Schuster 2016: 58f.) Die Ideenfindung wird allerdings auch häufig durch Ängste beeinträchtigt, die auf einer unrealistischen Einschätzung der Konsequenzen basieren. Entweder sie werden schlichtweg ignoriert oder es wird ihnen eine übermäßige Bedeutung zugeschrieben. (Adams 2004: 71) Laut Schuster müsse man, als kreativer Mensch, mit dem Spott anderer Menschen rechnen. Personen, die sozialem Druck weniger nachgehen, können leichter kreativ sein. (vgl. ebd.: 65)

5.3 Urteile

Es gibt unterschiedliche Arten des Urteils. Es gibt das konstruktive Urteil, das als andauernde Rückkopplung während des kreativen Prozesses beteiligt ist und unser Handeln ermöglicht. Und es gibt das hemmende Urteil, das sich vor den Schöpfungsakt stellt.

Für den kreativen Prozess ist es sehr hilfreich diese zwei Arten des Urteils unterscheiden zu können und das konstruktive zu kultivieren. (vgl. Nachmanovitch 2008: 173)

Das hemmende Urteil, oder der innere Kritiker, werde laut Nachmanovitch häufig als strafende Vaterfigur erlebt. Eine einschüchternde Stimme, die uns im Weg zu stehen scheint, da sie unser Werk beurteilt bevor es etwas zu beurteilen gibt. Das hemmende Urteil kann sich in Form von Perfektionismus zeigen und kann uns auf effiziente Art blockieren und zu Vermeidung und Lähmung führen. Der Antrieb dieser Stimme ist häufig die Angst vor einer Kritik, vor dem Versagen oder vor einer Frustration. Psychoanalytiker nennen diese Form des Urteils Introjektion. Es ist die automatische Internalisierung der elterlichen oder anderer kritischer, erwartungsvoller Stimmen, die uns zeigen wie wir sein, was wir tun und was wir haben sollten.

Das konstruktive Urteil ist eher mit einem Redakteur zu vergleichen. Der Redakteur entscheidet, formt und organisiert den Rohstoff, den unsere Phantasien an die Oberfläche des Bewusstseins spült. (vgl. Nachmanovitch 2008: 172-179)

Wir müssen das Gleichgewicht zwischen freiem Spiel und Urteil finden, zwischen dem freien Fluss des Impulses und dem Streben nach Qualität. (vgl. ebd.: 221) Für die Kreativen besteht die Gefahr, dass sie unter dem äußeren Druck und den eigenen Erwartungen, ihre reine und natürliche Stimme zugunsten einer synthetisierten aufgeben. Aus dem Wunsch heraus originell sein zu wollen, werden wir nach etwas greifen, das weit entfernt liegt, aber nicht unser eigen ist. Die allerersten Gedanken sind meistens die inspirierten, die eigenen. Möglicherweise wirken sie aus eigener Perspektive zunächst offensichtlich oder langweilig. „Die großen wissenschaftlichen, künstlerischen und spirituellen Entdeckungen enthielten immer ein Stückchen atemberaubender Offensichtlichkeit, die alle anderen bis dato nicht zu sehen oder sich vorzustellen vermochten, {...}. Eine umständliche Denkstruktur bricht zusammen und bringt eine Synthese hervor, die so einfach ist, dass ‚ein Kind darauf hätte kommen können'." (ebd.: 231f.)

Wenn wir im Alltag auf eine Frage oder ein Problem stoßen, bewerten wir meist sofort die Situation und auch mögliche Lösungen. Unsere Gedanken werden ad hoc zensiert und eingeordnet. In vielen Situationen ist dies gut und wichtig, (Brodbeck 1997: o.S.) doch die wirksamen Ideenfindungsprozesse beziehen ihre Wirksamkeit daraus, dass abwegige Ideen lange genug aufrecht erhalten werden, um zu reifen und realistischere Versionen gebären zu können. (Adams 2004: 74f.)

In einem Brief an Freud, schreibt Friedrich Schiller: „Der Grund für Deine Klage [über das Nicht-Kreativ-Sein] liegt, wie mir scheint, in den Beschränkungen, die Dein Verstand Deiner Phantasie auferlegt. [...] Offensichtlich ist es nicht gut – und für die kreative Tätigkeit des Geistes geradezu hinderlich -, wenn der Verstand die Ideen allzu streng überprüft, während sie gewissermaßen gerade erst zu den Toren hereinkommen." (Schiller zit. nach Adams 2004: 212)

Darüber hinaus erklärt Schiller, dass eine Idee, wenn man sie isoliert betrachtet, unbedeutend oder absurd erscheinen kann.

Zusammen mit anderen, noch folgenden Ideen aber möglicherweise eine geniale Verbindung eingehen mag.

„Im Falle des kreativen Geistes hat, […] der Verstand seine Wachleute von den Toren abgezogen, durch die die Ideen nun wild hereinstürmen, auf dass sie anschließend in ihrer Gesamtheit gesichtet werden." (ebd.: 212)

Die Verschiebung der Beurteilung fällt den meisten Menschen nicht leicht. Wie im Kapitel über die Tagträume beschrieben, wollen wir die Existenz bestimmter Gedanken und Ideen nicht einmal wahrhaben, geschweige denn zugeben. Doch unsere Kreativität lebt von wilden Gedanken und wir sollten lernen, unsere Beurteilung aufzuschieben. Adams rät dazu, sich bewusst das nicht-werten zu erlauben, zumindest innerhalb eines bestimmten Zeitrahmens. Dann seien wir freier, Ideen zu produzieren und würden unser Ich nicht gefährden, da wir uns selbst dazu befugt haben. (vgl. Adams 2004: 212f.) „Kritik ist dann konstruktiv, wenn sie im Umsetzungsprozess einer Idee erfolgt, aber eine erste Idee braucht Entfaltungsspielraum, und den schenken oder versagen Menschen." (Döring/Mittelstraß 2017: 147)

5.4 Gewohnheiten

Gewohnheiten geben uns Stabilität, stehen jedoch häufig im Widerspruch zur Kreativität, da Kreativität eine Abweichung von gehabten Vorgehensweisen impliziert. Gewohnheiten können kreative Ideen regelrecht zunichte machen, so Adams. (Adams 2004: 22f.) Laut Klaus K. Urban, Professor für Kreativität, sei es häufig leichter sich auf alltägliche Routinen und Voraussetzungen zu verlassen, jedoch nicht erfüllender. (vgl. Urban 2014: 40) Eine wichtige Grundlage für kreatives Schaffen, ist das Aufbrechen von Gewohnheiten und das Einschlagen von neuen Wegen. Die Bereitschaft, andere und neue Erfahrungen zu machen kann die Kreativität erleichtern. (vgl. Schuster 2016: 126ff.)

5.5 Wahrnehmungs- und Denkblockaden

Wie wir bereits gesehen haben, ist das Potential zur Kreativität in jedem Menschen vorhanden. Diverse anerzogene Denkblockaden hindern uns allerdings daran, in vollem Umfang von ihr Gebrauch zu machen. Mit ein bisschen Übung können wir aber lernen diese zu überwinden. (Adams 2004: 10) Denkgewohnheiten aufzubrechen bedeutet, das, was selbstverständlich scheint und jedermann ungeprüft für richtig hält, infrage zu stellen. (vgl. Schuster 2016: 136) Die meisten Menschen gehen eher mit zielgerichtetem als mit offenem Blick durch den Tag und nehmen die meisten Dinge in ihrer Umgebung nicht bewusst wahr. Dies ist extrem wichtig, um nicht ständig mit zu vielen Informationen überschüttet und überfordert zu werden und bestimmte Handlungen zielgerichtet ausführen zu können. Doch für unsere Kreativität und die Sicht aufs Neue kann dies abträglich sein. Oft bleiben Dinge oder Situationen unbemerkt, die auf den zweiten Blick überraschend interessant sind. Nach welchen Kriterien wählt unser Gehirn aus, was relevant ist und welche Informationen ausgeblendet werden können? Zunächst spielt die Intensität eines Reizes eine Rolle, sie hat einen großen Einfluss darauf, ob wir eine Reizquelle bemerken oder nicht. Je bunter, lauter oder intensiver ein Eindruck ist, desto wahrscheinlicher ist, dass wir ihn wahrnehmen. Eine weitere Rolle bei unserer Wahrnehmung spielt die Art und Weise, wie wir unsere Umwelt interpretieren und aus der Wahrnehmung ein inneres Bild formen. Dies wurde im Kapitel über das Default Mode Netzwerk schon im Ansatz beschrieben. Der Eindruck, den ein Mensch von seiner Umwelt hat, ist nicht bloß eine reine Kopie der äußeren Begebenheiten. Vielmehr geht es um einen Abgleich der äußeren Welt mit inneren Vorstellungen und Gedankenspuren, die bereits vorhanden sind. Psychologen bezeichnen dieses Phänomen als „interne Repräsentationen". Diese bündeln die Merkmale und Eigenschaften von Dingen und machen ein Erkennen möglich. Der Eindruck, der beim Betrachter entsteht, ist mehr als die Summer der Teile, es entsteht etwas Neues, eine Gestalt. Wenn unsere Augen beispielsweise Wände, eine Tür, Fenster, ein Dach, etc. sehen, entsteht erst durch die mentale Verarbeitung ein Haus aus diesen Eindrücken. Im Umkehrschluss bedeutet dies nicht, dass wir Dinge, für die wir noch keine interne Repräsentation zur Verfügung haben, nicht wahrnehmen können. Wir können sie lediglich nicht benennen und versuchen sie mit anderen bekannteren Dingen in Verbindung zu bringen. (vgl. Döring/Mittelstraß 2017: 22ff.) Diese Dinge, von denen bereits ein inneres Bild besteht, nehmen wir eher wahr, als solche, von denen wir keine Spuren im Gedächtnis haben.

Darüber hinaus fällt es uns schwer, die Dinge in ihren Einzelteilen zu sehen, da wir sofort ein Ganzes, eine Gestalt daraus machen und häufig nur diese wahrnehmen. Laut Döring und Mittelstraß verlange Inspiration danach, vermeintlich Vertrautes genau zu betrachten, um neue Aspekte darin zu entdecken. Für vieles, was wir jeden Tag um uns herum haben, werden wir regelrecht blind. Es ist jedoch jederzeit möglich, unsere Aufmerksamkeit willentlich auf einen bestimmten Punkt zu richten und somit die inneren Filter zu umgehen. (vgl. ebd.: 24ff.) Unsere Aufmerksamkeit kann darüber entscheiden, welche Eindrücke in das Bewusstsein einfließen und welche nicht. Für das Erlebnis von Inspiration und die Möglichkeit kreativ zu sein, gehören Offenheit und Unvoreingenommenheit zu wichtigen Voraussetzungen. (vgl. ebd.: 33ff.)

Jeder Mensch verfügt über einen riesigen Speicher an Glaubenssätzen und Überzeugungen. Diese werden von Beginn des Lebens angesammelt und bilden den Grundstein für Moralvorstellungen, Werte und für unser Weltbild. Die meisten dieser Überzeugungen sind so tief in uns verwurzelt, dass sie spontan und ohne Nachdenken erscheinen, sobald ein bestimmter Themenkomplex berührt wird. Darüber hinaus erinnern wir uns jedoch häufig nicht an dessen Herkunft und es ist fast unmöglich die Zuverlässigkeit dieser Information zu prüfen. (vgl. ebd.: 36) Für unsere Wahrnehmung ist dies ein wichtiger Punkt. Denn wenn ich Etwas einordne, ihm einen Namen gebe, nehme ich ihm damit die Möglichkeit irgendetwas anderes zu sein oder es in einem anderen Kontext zu sehen. Wir können uns selbst entscheiden, das zu sehen, was unseren inneren Repräsentationen entspricht, oder dem Moment durch unsere bewusste Wahrnehmung eine neue Chance zu geben. Manchmal reicht die eigene Körperbewegung um unsere Sichtweise erheblich zu beeinflussen. Eine offene Wahrnehmung und die Freude am Beobachten ermöglichen uns eine Welterfahrung, die jenseits der festgelegten Meinungen und Bewertungen liegt und uns ganz neue Assoziationen ermöglichen. Es bietet uns gedankliche Beweglichkeit. (vgl. ebd.: 39ff.) Die Mischung aus detaillierter Beobachtung und eigenem subjektivem Empfinden setzt den Betrachter mit seiner Umwelt in Beziehung und eröffnet die Möglichkeit zum Erkenntnisgewinn, zur kreativen neuen Sicht. Und diese können wir jederzeit wieder ändern. Es geht um das Spielen mit Möglichkeiten. (vgl. ebd.: 44f.) Letztlich ist es das Zusammentreffen von äußeren Reizen und der ganz persönlichen Betrachtungsweise, das einen neuen Gedanken entstehen lässt. (vgl. ebd.: 119)

Schuster schlägt unter anderem die Nahfotografie vor, um vertraute Wahrnehmungsschemata aufzubrechen, sie kann auf wirkungsvolle Weise eine ganz neue Welt sichtbar machen. (vgl. Schuster 2016: 128) Mir hat die Fotografie im allgemeinen sehr geholfen, einen neuen Blick auf meine Umwelt zu bekommen. Durch das Foto kann man einen Ausschnitt aus seinem Kontext heraus nehmen, so dass er nicht mehr einzuordnen ist und etwas ganz Neues entsteht. Um Kreativität sich entfalten zu lassen ist es hilfreich zu versuchen, Dinge zu sehen, die zu übersehen wir gewohnt sind. Eine an Kunstschulen häufig verwendete Methode, ist sich vornüber zu beugen und die Welt über Kopf zu betrachten. Diese umgekehrte Ausrichtung lässt Details sichtbar werden, die wir üblicherweise übersehen. Adams nennt zahlreiche Möglichkeiten unsere Sehgewohnheiten aufzubrechen. Sie sollen helfen, unsere mentale Fixierung aufzubrechen, damit wir außer der erstbesten Lösung auch noch andere entwickeln oder in Erwägung ziehen. (vgl. Adams 2004: 56f.)

Auch Tabus können eine Denkblockade darstellen. Sie sind größtenteils gegen Handlungen gerichtet, die bestimmte Menschen oder Regeln verletzen könnten. Sie spielen also gewissermaßen eine positive kulturelle Rolle. Jedoch können sie unsere Kreativität einschränken. (vgl. ebd.: 88)

Die Überwindung von Wahrnehmungs- und Denkblockaden kann ein spannender Prozess werden, doch wie jede Veränderung kostet sie Mühe und sorgt möglicherweise anfangs für Unsicherheit. (vgl. ebd.: 283)

6 Wie können wir unsere Kreativität fördern?

Das Kreative Denken und Handeln, kann empirischen Befunden zufolge, durch das provozierte Ausbrechen aus festgefahrenen Denkmustern und einfachen Interventionen wirksam gesteigert werden. (vgl. Fink 2014: 67)

Eine Förderung der Kreativität liegt zunächst darin, zu erkennen, dass wir kreative Wesen sind. Man muss sich zur Kreativität entscheiden. (Brodbeck 1997: o.S.) Auch Martin Schuster ist der Meinung, dass Kreativität im Wesentlichen eine Entscheidung ist. Allein die Anweisung, bei einer Aufgabe besonders kreative Lösungen zu finden, führe auch zu mehr kreativen Lösungen. (vgl. Schuster 2016: 56) Dennoch gilt „[m]an kann [...] Kreativität fördern, aber man kann ihr nicht die Inhalte vorschreiben." (Brodbeck 1997: o.S.) Sie entspringt den individuellen und freien Denkvorgängen.

Ein Gärtner kann einen Samen säen, das Wachstum kann er jedoch nicht machen. Er kann lediglich für optimale Rahmenbedingungen sorgen, die das Gedeihen fördern. Der Psychologe Carl Rogers greift dieses Bild auf, um Kreativität zu definieren. Ihm ist klar, dass Kreativität nicht erzwungen oder gemacht werden kann. Wie die Information zum Gedeihen bereits im Pflanzensamen angelegt ist, so ist auch das kreative Potential bereits im Menschen angelegt und es wird sich entfalten, sobald die Umstände es zulassen. Nach Rogers seien diese Umstände vor allem psychische Sicherheit und Freiheit. (vgl. Brunner 2008: 7)

Im Folgenden werde ich einige der Voraussetzungen für unsere Kreativität vorstellen.

6.1 Das Spiel

Laut Nachmanovitch sei jeder schöpferische Akt eine Form von Spiel. Beim Spielen werfen wir Elemente zusammen, die zuvor getrennt waren, handeln auf neue Art und Weise und erweitern somit unser Handlungsfeld. Es fördert die Reichhaltigkeit an Reaktionsweisen und macht uns flexibel, wodurch sich der evolutionäre Wert des Spielens erklärt. Ein spielendes Wesen kann sich deutlich leichter an die wechselnden Bedingungen unserer Welt anpassen.

Durch das Spiel können wir unsere Fähigkeiten und unsere Identität neu ordnen und auf andere Weise nutzen lernen. Laut Nachmanovitch liege Kreativität eher im Suchen als im Finden oder Gefundenwerden. Der Fokus liege auf dem Prozess und nicht auf dem Produkt. Als Spiel wird die Handlung zum eigentlichen Ziel. Spiel und Kreativität kennen kein warum, sie existieren aus sich selbst heraus, sind ihr eigener Lohn und werden blockiert wenn wir um Gewinn oder Lohn spielen. „Man spielt indem man spielt" (vgl. Nachmanovitch 2008: 58-62) Unser inneres Kind ist somit die fruchtbarste aller Musen. Doch für die meisten Menschen ist es sehr schwer das innere Kind in sich zu sehen und sich durch dieses auszudrücken. Oft haben wir Angst nicht ernst genommen oder als nicht qualifiziert bewertet zu werden. (vgl. ebd.: 68)

Der Psychiater Donald Winnicott sah das Ziel psychologischen Heilens darin, den Patienten in einen Zustand zu bringen in dem er wieder zum spielen imstande ist. Nur im Spielen könne sich sowohl das Kind als auch der Erwachsene kreativ entfalten und nur in der kreativen Entfaltung könne das Individuum sich selbst entdecken. (vgl. Nachmanovitch 2008 nach Winnicott 1987: 68)

Auch Adams greift die Relevanz des Spiels im kreativen Kontext auf. Diverse Erfahrungswerte würden zeigen, dass mentale Verspieltheit zu mehr Ideen führt. Kinder verfügen über diese Eigenschaft, doch im Alter werden sich die Menschen der praktischen Beschränktheit ihrer Umwelt bewusster und die Welt legt mehr wert auf kanalisierte geistige Aktivität, als auf Verspieltheit. (vgl. Adams 2004: 90)

Die spielende Haltung ist auch eine erforschende und fragende Haltung, die für unsere Kreativität wichtig ist. Im Erwachsenenalter wird diese fragende Haltung allerdings häufig abgelegt, weil wir denken, wir müssten clever sein und eine Frage ist ein Eingeständnis, dass wir etwas nicht wissen. Wenn wir einen Status quo akzeptieren, erkennen wir keine Probleme oder Bedürfnisse und haben keinen Grund innovativ zu sein. Adams betont, dass auch Erwachsene naive Fragen stellen dürfen. (vgl. ebd.: 184ff.)

Viele kreative Menschen haben es geschafft, kindliche Eigenschaften noch bis ins hohe Alter mit sich zu tragen. (vgl. Brunner 2008: 33)

6.2 Intrinsische Motivation

Die Intrinsische Motivation bezeichnet das Phänomen, sich aus eigenem Antrieb und eigenem Interesse mit einer Problemstellung oder Aufgabe auseinander zu setzen. (vgl. Fink 2014: 62) Diese Form der Motivation ist bei vielen kreativen Menschen wiederzuerkennen. Der Psychologe Donald Campbell gibt allen Menschen, die in ein kreatives Feld eintreten wollen, folgenden Rat:

>>Der Ruhm sollte etwas sein, das ihr dankbar zur Kenntnis nehmt, wenn er euch zuteil wird, aber was euch Freude macht, muß die Arbeit selbst sein. Das erfordert eine intrinsische Motivation. Wählt eine Arbeitsumwelt, in der ihr an den Problemen arbeiten könnt, die einen inneren Wert für euch haben, auch wenn sie anderen vielleicht langweilig vorkommen. Sucht nach Bedingungen, die es euch ermöglichen, den intrinsischen Wert der Arbeit zu genießen, auch wenn es dem Zeitgeist zuwiderläuft.<< (Campbell zit. nach Csikszentmihalyi 2015: 178f.)

Kreative Menschen können sich in vielfacher Weise voneinander unterscheiden, jedoch scheinen die meisten die Gemeinsamkeit zu haben, ihre Tätigkeit, in der sie kreativ arbeiten, zu lieben. Der Antrieb sei häufig nicht die Anerkennung oder das Geld, sondern die Freude an der Tätigkeit selbst. Der Autor Naguib Mahfouz sagt: „Ich liebe meine Arbeit mehr als das, was dabei herauskommt. Ich bin mit Leib und Seele Schriftsteller, unabhängig von den Konsequenzen." (Mahfouz zit. nach Csikszentmihalyi 2015: 158) Diese Einstellung fand Csikszentmihalyi, der sich eingehend mit den Lebens- und Arbeitsgewohnheiten kreativer Menschen befasste, in jedem seiner Interviews bestätigt. Seine Probanden aus den verschiedensten Berufen, darunter Ingenieure, Chemiker,

Schriftsteller, Musiker, Architekten, Sozialreformer, Historiker, Ärzte und viele mehr, erklärten, dass sie ihre Arbeit in erster Linie tun, weil sie ihnen Freude bereitet. Demgegenüber steht die Tatsache, das es zahlreiche Menschen gibt, die dieselben Berufe ausüben, jedoch keine Freude daran empfinden. Das ausschlaggebende scheint also nicht die Tätigkeit selbst zu sein, sondern die Art und Weise wie sie ausgeführt wird. Die sich hieraus ergebende Frage ist also, wie wir eine Tätigkeit ausüben können, dass sie ihren Lohn in sich selbst trägt. (vgl. Csikszentmihalyi 2015: 158)

Ob ein Interesse ein wahres Interesse darstellt, zeigt sich daran, ob uns die Beschäftigung mit diesem anzieht und belebt, ob wir es erforschen und gestalten wollen und gelegentlich etwas sichtbares aus diesem Interesse erwächst, wonach häufig die Genugtuung, etwas Stimmiges geschaffen zu haben, entsteht und ob es uns in unserem Selbstverständnis und unserer Selbsterfahrung weitergebracht hat. (Kast 2015: 42) Csikszentmihalyi fand heraus, dass Menschen so sehr im Spiel und in der Kreativität aufgehen können, dass sie grundlegende Bedürfnisse wie Hunger und Schlaf, sowie auch Schmerzen und andere Probleme vergessen. (vgl. Csikszentmihalyi 2010: 11)

Laut Erich Fromm ist die psychische Gesundheit des Menschen nichts anderes als die Fähigkeit, seinem wahren Interesse entsprechend zu handeln. Doch dies wird in unserer Gesellschaft zum großen Teil nicht unterstützt. Wie bereits im Kapitel über die Schulen beschrieben, muss man sich häufig für bestimmte Dinge interessieren, um Erfolg zu haben. Die ganz eigenen Interessen sind dabei kaum bis nicht gefragt und somit passen sich viele

Kinder an die Forderungen an. Auch im späteren Leben besteht die Gefahr, dass wir uns durch geforderte, oft geschlechts- oder gesellschaftsspezifische Interessen, einschränken lassen. (Kast 2015: 39f.)

Teresa Amabile, eine Psychologin der Harvard Business School, zeigte in verschiedenen Experimenten, die sie mit Kindern und Erwachsenen durchführte, dass ihre Versuchspersonen dann am kreativsten waren, wenn ihre Motivation von innen kam. Äußere Motivationsfaktoren, wie Bewertung und Belohnung, die auf der Qualität der Ergebnisse beruhten, verminderten die Kreativität. Sie zeigt, dass die intrinsische Belohnung häufig primärer Natur ist. (vgl. Adams 2004: 264)

Albert Einstein hielt die intrinsische Motivation für eine der wichtigsten Ursachen seiner Entdeckungen. Etwas wissen oder verstehen wollen, führt womöglich erst zu den Aufgaben, die dann kreativ gelöst werden können. Schuster rät zu einer hemmungslosen Neugier und nimmt dabei Bezug auf das Wissenwollen im Kindes- und Jugendalter. (vgl. Schuster 2016: 137) Sartre wies den ihm verliehenen Nobelpreis zurück, da dieser seine Freude am Schaffen selbst nicht übertreffen konnte. Die Anerkennung dessen war für ihn zweitrangig. (vgl. Lauterbach 2014: 119)

„Kreativität bedeutet nicht primär, etwas Großartiges zu schaffen, sondern das Allergeringste mit Liebe zu tun." (ebd.: 119)

6.3 Die Technik und das Üben

„Um etwas Künstlerisches zu tun, muss man sich eine Technik an-
eignen, aber man schafft nicht mit der Technik, sondern durch sie
hindurch." (Nachmanovitch 2008: 32)

Der vielleicht schwierigste Teil des kreativen Prozesses ist es, seiner Idee Ausdruck zu verleihen. Eine bestimmte Technik zu erlernen, kann diese Kluft zwischen der Idee und der Umsetzung sowohl überbrücken, als auch vergrößern. (vgl. ebd.: 90) Wenn ein
Musiker eine Symphonie schreiben möchte, ist es von immensem
Nutzen das Notensystem und ein Instrument zu beherrschen.
(Csikszentmihalyi 2015: 19) Auch um mit einem Instrument improvisieren zu können, ist es hilfreich, die nötige Technik zu erlernen, um auf diesem Instrument zu spielen. Genauso verhält es sich
mit anderen Disziplinen und Handlungen. Wir brauchen eine solide Technik, um uns auszudrücken. Die Technik kann aber auch
zu solide werden. Wir können uns so sehr daran gewöhnen, wie
etwas gemacht werden muss, dass wir uns von der Kreativität ent-
fernen. Hier liegt die Gefahr der durch Übung erworbenen Fähigkeiten. "Kompetenz, die ihren Sinn für ihre Wurzeln des spielen-
den Geistes verliert, verfettet in den starren Formen des Professi-
onalismus." (Nachmanovitch 2008: 90)

Wenn Technik als etwas, das es zu erwerben gilt, angesehen wird,
fallen wir laut Nachmanovitch in eine Dichotomie von Übung und
Perfektion. (vgl. Nachmanovitch 2008: 90) In der westlichen Vorstellung von Übung geht es darum, eine Fähigkeit zu erlernen. In
der östlichen hingegen wird nicht für ein Ziel geübt, sondern das
Üben genügt sich selbst. Das Üben ist also nicht nur notwendig für

46

die Kunst, es ist bereits die Kunst. Beim Üben darf man Dinge ausprobieren und wegwerfen, so oft es nötig ist. Es gibt auch kreativitätsfördernde Techniken, die sich diesen Übungsraum zu nutze machen. Beim automatischen Schreiben beispielsweise werden Worte unzensiert, wie sie einem in den Kopf kommen niedergeschrieben. Eine ähnliche Form ist das Brainstorming, wobei jeder Gedanke ohne Angst vor Blamage ausgesprochen werden kann. Diese Formen des freien Ausdrucks, erlauben uns, alles zu sagen, egal wie verrückt oder idiotisch es sein mag und kann als Durchgang für kreative Gedanken dienen. (vgl. ebd.: 90-94) Die Übung verleihe dem kreativen Prozess einen andauernden Schwung. Beim Üben ist die Arbeit Spiel und belohnt sich selbst. "Wir spüren unser inneres Kind, das -bitte! - noch fünf Minuten spielen möchte." (ebd.: 97) Um kreativ zu sein, brauchen wir Technik, und gleichzeitig Freiheit von Technik. Wir können üben, bis unsere Technik ins Unbewusste gleitet, wie zum Beispiel beim Radfahren. (vgl. ebd.: 96f.) Für die Kreativität ist es natürlich nicht ausreichend, nur Fertigkeiten zu erlernen. Erst, wenn die Fähigkeiten auch verändert werden und an neue Situationen angepasst werden können, behalten sie ihre Kreativität und Wirksamkeit in einer lebendigen und dynamischen Welt. Die Kreativität entsteht also erst durch das Spielen mit einer Fertigkeit und durch das Verändern dieser. (vgl. Brodbeck 1997: o.S)

6.4 Die Kraft der Grenzen

Die meisten Schranken setzen wir uns selber. Wir müssen uns ihrer meist lediglich bewusst werden, um den nötigen Ehrgeiz für dessen Überwindung zu entwickeln. (Adams 2004: 51)

Doch es gibt auch die Grenzen oder Umstände jenseits unserer Kontrolle, die von uns Anpassung verlangen. Laut Nachmanovitch sei Kunst und Kreativität ohne Grenzen nicht möglich. Sie liefern uns etwas, womit und wogegen wir arbeiten können und können Intensität hervorrufen. (vgl. Nachmanovitch 2008: 105) Innerhalb der Grenzen eines Mediums, eines Ortes, des Materials, etc. zu arbeiten, zwingt uns dazu, unsere eigenen Grenzen zu verändern. Nachmanovitch schreibt: Die „Improvisation bricht nicht mit den Formen und Begrenzungen, bloß um ‚frei' zu sein, sondern nutzt sie gerade als jene Mittel, um uns selbst zu übertreffen." (ebd.: 110)

Wenn Grenzen mechanisch angewandt werden, können sie in sehr konventionelle, Werke münden, gut verwendete Grenzen jedoch, können zum „Ausdrucksmittel der Freiheit" werden. (ebd.: 110) Wenn alle Farben zur Verfügung stehen, fühle man sich manchmal zu frei. Es ist das Zusammenspiel von äußeren Gegebenheiten und den eigenen Ideen, das Neues entstehen lässt. Der Kreative hat seine Ausbildung, seine Fähigkeiten, seinen Stil, Gewohnheiten und Phantasien. Wenn er diese Strukturen mit den äußeren Strukturen, den Grenzen und Widerständen zu verbinden vermag, kann eine dritte Struktur mit eigenem Leben entstehen. (vgl. ebd.: 110- 114)

6.5 Das kreative Zusammenspiel

Jeder Mensch trägt eine individuelle Persönlichkeit und damit auch eine individuelle Kreativität in sich. Wenn wir mit anderen Menschen zusammenarbeiten, schaffen wir deshalb ein größeres Ich und eine vielseitigere Kreativität. „Indem eine Identität mit einer anderen gekreuzt wird, vervielfältigen wir die Vielfalt des Gesamtsystems." (vgl. Nachmanovitch 2008: 125)

Für unseren kreativen Prozess dürfen wir andere Meinungen und Ideen anderer Menschen hinzuziehen und uns fremden Wissens bedienen. Mit anderen Menschen zu interagieren, kann eigene Denkmuster aufbrechen. Manchmal ist es nur ein Blick oder ein Wort eines anderen Menschen, das uns zu unserem Heureka- Erlebnis führt. Manchmal benötigen wir ein bestimmtes Wissen aus einem fremden Fachgebiet um den gewünschten Einfall zu erleichtern. (vgl. Schuster 2016: 164ff.) Der Künstler Rene Magritte schrieb einmal in einem Brief: „Das Genie besteht nicht darin, die großartige Idee zu haben, sondern darin, dass man erkennt, wenn man selbst oder ein anderer eine großartige Idee hat." (Magritte zit. nach Roegiers 2005: 73) Die originellen Titel von Magrittes Werken hat er häufig mit Freunden zusammen gefunden oder waren sogar die Ideen von Freunden. (vgl. Schuster 2016: 167)

Die wohl bekannteste Methode zur Ideenfindung ist das bereits erwähnte „Brainstorming" von Alex F. Osborne, die zur Kreativitätsförderung in Gruppen entwickelt wurde. Bei dieser Methode sollen alle aufkommenden Einfälle, verrückte, genauso wie langweilige und unmögliche, genannt und aufgeschrieben werden, ohne jegliche Bewertung. Jeder soll so viele Ideen wie möglich produzieren und darf die Ideen anderer Gruppenmitglieder weiterentwickeln. In der zweiten Phase wird dann ausgewählt, welche Einfälle für die gesuchte Idee oder das zu lösende Problem brauchbar sind. (vgl. ebd.: 167) Die Aussetzung der Beurteilung bleibt vermutlich der wichtigste Faktor des Brainstorming. Ebenso sinnvoll ist die Ideenfindung in Gruppen, um auf eine große Vielfalt an Hintergründen und Wissen gleichzeitig zurückzugreifen. (vgl. Adams 2004: 230)

„Zu behaupten, Einstein sei der Erfinder der Relativitätstheorie, ist so, als wollte man sagen, daß der Funke für das Feuer machen verantwortlich sei. Der Funke ist notwendig, aber ohne Luft und Brennmaterial würde es keine Flamme geben." (Csikszentmihalyi 2015: 18f.) Man könnte den Funken auch als Individuum bezeichnen und das Brennmaterial, sowie die Luft als die systemischen Rahmenbedingungen. Kreativität entsteht aus der Interaktion systemischer Komponenten und nicht isoliert in unseren Köpfen. Wir brauchen also eine Beziehung zu unserer Umwelt und unseren Mitmenschen. (vgl. Brunner 2008: 63)

Beim Arbeiten in Gruppen kann die Angst vor Kritik allerdings einen großen Raum einnehmen und dadurch die Mitglieder in ihrer Ideenfindung hemmen. Das Bedürfnis nach Zugehörigkeit treibt den Einzelnen häufig dazu, sich so zu verhalten, dass er die Zustimmung des Teams erfährt und sich gemocht und geschätzt fühlt. (vgl. Adams 2004: 236) Gute Problemlösungsgruppen oder solche, die sich zur Ideenfindung treffen, bestehen aus Menschen, die sich gegenseitig respektieren und einen vertrauensvollen Rahmen für jeden schaffen. Es bedarf einer unterstützenden

Atmosphäre, sie die freie Ideensuche überhaupt erst möglich macht. (vgl. ebd.: 238) Für die Geologin und Wissenschaftlerin Hildegard Westphal ist die Zusammenarbeit und der Austausch von Ideen und Gedanken mit anderen Menschen enorm wichtig. „Die guten Ideen lassen sich meist nur noch sehen und verfolgen, wenn man über den eigenen Tellerrand hinausschaut und interdisziplinär miteinander arbeitet." (Westphal zit. nach Döring/Mittelstraß 2017: 209) Sie betont dabei die Arbeitsatmosphäre, in der sie das Vertrauen zu den Kollegen spüren muss, um offen arbeiten zu können. Denn eine Atmosphäre der Angst, sei es davor, dass einem die Ideen geklaut werden oder dass man bewertet wird, mache die Möglichkeit guter Einfälle zunichte. (Westphal nach Döring/Mittelstraß 2017: 209)

James Adams verweist beim kreativen Zusammenarbeiten auf eine weitere wichtige Ressource, nämlich den Humor. Der Humor ist für ihn eine Quelle neuer und origineller Ideen und verringert das Risikoempfinden. Die Angst vor peinlichen Äußerungen oder Misserfolgen machen sich in einer humorvollen Atmosphäre weniger bemerkbar. (vgl. Adams 2004: 92)

6.6 Unkonventionalität

Kreativen Menschen wird häufig die Tendenz zu nonkonformistischen, auch bizarr oder exzentrisch anmutenden Verhaltensweisen nachgesagt. Laut Fink setze Kreativität, in einem geordneten und kontrollierten Rahmen, dies sogar voraus. Bekannte Denkschemata müssen verlassen und neue eingeschlagen werden.

Dabei können Wahrnehmungsmuster entstehen, die an magisches Denken, frei-assoziative, oder traumähnliche Zustände erinnern. (vgl. Fink 2014: 62)

Eine gewisse rebellische und nonkonformistische Art, kann helfen, kreativer zu sein. Dies wird zwar kaum zu mehr kreativen Einfällen führen, doch hilft diese Einstellung bei der Umsetzung von ungewöhnlichen Dingen. Auch Durchhaltevermögen und ein gewisses Selbstbewusstsein ist hilfreich. Man darf von seiner Arbeit überzeugt sein. Van Gogh hat sein Leben lang so gut wie keinen Zuspruch für seine Werke erhalten und doch hat er sie stets weiterentwickelt. (vgl. Schuster 2016: 131f.)

Kreativität braucht das Ablösen von Konventionalität, von „Man-Werten", wie Ute Lauterbach diejenigen Handlungen beschreibt die „man so macht". (vgl. Lauterbach 2014: 110) Wir müssen Komfortzonen verlassen und sollten „nicht auf unseren neuronalen Fixspuren tuckern, sondern uns von ihnen losreißen, [...] Bei-sich-Sein, Quatschmachen und alles andere, was mit der Gegenwart verbindet [...]. (Lauterbach 2014: 117)

6.7 Das Serendipitätsprinzip- den Zufall nutzen

Serendipität nennt man den Mechanismus der unbeabsichtigten Genialität. Er beschreibt die zufällige Entdeckung von wichtigen, nicht gesuchten Erkenntnissen, durch einen theoretisch vorbereiteten Geist. (vgl. Schnabel 2010: 121f.)

Betrachtet man die Geschichte der Ideen, zeigt sich, dass es erstaunlich oft auch Zufälle waren, die zu neuen Erkenntnissen geführt haben. Diese Zufälle kann man zwar nicht suchen, aber man kann sie finden. Entscheidend sei nach Döring und Mittelstraß, den Nutzen in einem bestimmten Ereignis zu erkennen. (vgl. Döring/Mittelstraß 2017: 120f.) Ein Beispiel hierfür ist die Erfindung des Penicillins. Alexander Fleming ließ eine Petrischale mit einer Bakterienkultur zu lange stehen, sodass sie von Sporen eines Schimmelpilzes befallen wurde. Anstatt sie wegzuwerfen, schaute er sich genau an was passierte, und sah, dass die Bakterien eingingen. In einer scheinbaren Verunreinigung konnte er eine große Entdeckung sehen. (vgl. Schnabel 2010: 123)

6.8 Mangel und Not

„Der Garten der Inspirationsquelle ist [...] keineswegs immer ein hochgelegener, von heller und guter Stimmung geprägter." (Döring/Mittelstraß 2017:128) Der Antrieb, eine kreative Lösung zu finden, entsteht nicht selten aus einer Notlage heraus. So muss sich der Schüler eine kreative Ausrede für die nicht gemachten Hausaufgaben ausdenken oder man muss mit den vorhandenen Lebensmitteln eine leckere Mahlzeit bereiten. Not führt zu Erfindungen. (vgl. Schuster 2016: 100) Wenn wir beispielsweise nur einen begrenzten Materialvorrat zur Verfügung haben, sind wir gezwungen herumzubasteln und gewöhnliche Gegenstände oder Müll können zu wertvollen Arbeitsmaterialien werden. Die Wahrnehmung von dem was wir brauchen, verschiebt sich. So wie die Muscheln aus einem eingedrungenen Sandkorn, eine Perle herstellen können, so können auch wir aus unzähligen Irritationen, Schönes und Wertvolles hervorbringen. Schwierige Situationen können wir nutzen, um unsere Ressourcen zu mobilisieren. Dann sind wir nicht Opfer widriger Umstände, sondern können die Lage als Ausdrucksmittel unserer Kreativität benutzen. (vgl. Nachmanovitch 2008: 118-121)

Viele bedeutende Werke in der Kultur, besonders in den Künsten, sind unter körperlichem, sowie seelischem Leiden erschaffen worden. Das Leiden kann ein Antrieb für künstlerisches Schaffen sein, oder von den Leiden ablenken, wie es im Kapitel über die Intrinsische Motivation schon angedeutet wurde. Dies soll nicht bedeuten, dass wir uns nun alle in Notlagen begeben müssen, um kreativ zu sein. Doch behaupte ich, das jeder auf irgendeiner Ebene möglicherweise ein Leiden empfindet und es ist durchaus als Ermutigung zu verstehen kreativ mit diesem umzugehen und es möglicherweise auf die eine oder andere Weise zu nutzen.

So versuchten zum Beispiel einige bildende Künstler mit psychischen Erkrankungen durch die Externalisierung von ihren Gedanken und Gefühlen, Ordnung in ihr Seelenleben zu bringen. Ein Beispiel hierfür ist der Künstler Adolf Wölfli, der mit seiner massenhaften Produktion an Zeichnungen und Schriften versuchte, seinen Schuldgefühlen Ausdruck zu verleihen. Die Künstlerin Niki de St. Phalle nutzte ihr kreatives und künstlerisches Schaffen, um ein Missbrauchstrauma zu überwinden, Frida Kahlo bearbeitete in ihren Bildern das Trauma von Schmerzen und Kränkungen und Edvard Munch setzte sich kreativ mit dem Verlust seiner Mutter auseinander. (vgl. Schuster 2016: 101-103)

Düstere Bilder, Grausamkeiten, Tragik, seelische Untiefen und Schmerzen können eine Quelle der Inspiration und Gestaltungskraft sein. (vgl. Döring/Mittelstraß 2017: 129)

Den inneren oder äußeren Quellen der Inspiration folgend ist der kreative Ausdruck eine Wahrheit.

> „Die Kunst ist das Ins-Werk-Setzen der Wahrheit" (Heidegger zit. nach Lauterbach 2014: 114)

6.9 Leere und Langeweile

Langeweile, so definiert Kast, sei die Abwesenheit von Interesse. Langeweile gehöre laut der Psychologin zu den unangenehmsten und letztlich doch produktivsten Emotionen überhaupt. (Kast 2015: 12) Wenn wir das Gefühl des Stillstandes, der Leere und Langeweile verspüren, tendieren wir häufig dazu, uns abzulenken oder uns selbst zu beschuldigen, nicht konzentriert und diszipliniert genug zu sein. Die meisten Menschen halten ein Gefühl der Leere für sehr unangenehm. Laut Nachmanovitch sei Disziplin im kreativen Prozess zwar wichtig, aber wir würden sie nicht erreichen, indem wir sie erzwingen und uns versteifen. Wir würden sie eher erreichen, indem wir still sitzen und die Leere durchdringen, indem wir sie zu einem Freund statt zu einem Feind machen. Nachmanovitch spricht in diesem Zusammenhang von einer Ergebenheit gegenüber dem, was wir gerade in uns vorfinden und meint es sei der Schlüssel zu unserer Kreativität. Wenn wir die Ergebenheit zu vermeiden versuchen, müssten wir mit Blockaden rechnen. (vgl. Nachmanovitch 2008: 182) „Die wirklich großen Wissenschaftler und Gelehrten sind nicht diejenigen, die auf

Teufel komm raus publizieren, sondern diejenigen, die bereit sind zu warten, bis die Puzzleteile sich auf natürliche Weise wie von selbst zusammenschieben." (ebd.: 195)

Die Versuche, die darauf abzielen die Trägheit oder Langeweile zu überwinden, seien aussichtslos. Wir sollten stattdessen diesen Zustand als Ausgangspunkt nutzen und sie in eine Meditation umformen, in eine übertriebene Ruhe, sie ganz auskosten. Als natürliche Reaktion und Widerhall der Ruhe könnten Schwung und Leidenschaft entstehen. (vgl. ebd.: 100) Wenn wir uns auf die Langeweile konzentrieren, würden Phantasien aufsteigen, die Wünsche oder Begehren aufzeigen, und somit einen Ansatzpunkt für aktives Interesse darstellen. Hierzu, betont Kast, sei es wichtig, die Phantasien zu realisieren, wie eingehend im Kapitel der Tagträume beschrieben. (Kast 2015: 187) Diese Selbstbesinnung, wie Thomas Ernst sie nennt, gäbe das Gefühl, ein autonomes Individuum zu sein, ein Ich, das in der Lage ist, sein Innenleben zu erkennen und zu steuern. (vgl. Ernst 2011: 215)

Die Pädagogin Teresa Belton untersuchte Hunderte Aufsätze von Kindern um etwas über deren Kreativität und Einbildungskraft herauszufinden. Sie ließ die Schüler das Thema frei wählen und ermunterte sie ausdrücklich ihrer Fantasie freien Lauf zu lassen. Erstaunt stellte sie fest, dass die Texte der Kinder ungeheuer uninspiriert und inhaltsarm waren. Daraufhin protokollierte sie den Tagesablauf der Schüler über mehrere Monate hinweg und kam zu dem Ergebnis, dass der auffällige Mangel an Kreativität und Imaginationsfähigkeit, zumindest zu Großen Teilen, darauf zurückzuführen ist, dass diese Kinder keine „leere Zeit" hätten. Als

„leere Zeit" definiert sie die Abwesenheit von äußeren Reizen und Aktivitäten. Wenn die Kinder nichts zu tun hatten, keine Schule, kein Sport, keine Hausaufgaben, schalteten die meisten Kinder gewohnheitsmäßig den Fernseher an. Belton ist überzeugt davon, dass diese Gewohnheit verhindere, dass die Kinder tagträumen. Sie hätten keine Chance mehr sich zu langweilen und somit auch nicht die Möglichkeit zu lernen wie man sich die Langeweile vertreibt und kreativ mit ihr umzugehen. (vgl. ebd.: 83)

Wir gelangen häufig durch Konsum zu Trost, Zufriedenheit und Ablenkung und werden dadurch, laut dem Soziologen David Riesman, zu außengeleiteten Menschen. Er meint damit, es gäbe eine Unlust zur inneren Verarbeitung äußerer Erfahrungen. Wir kümmern uns lieber um das Fühlbare, um äußere Formen der Selbstverbesserung. Anstatt unseren aktuellen Zustand zu fühlen und über unsere Lage nachzudenken, arbeiten wir an anderen Dingen im Außen und würden so kollektiv die Denk-Arbeit verweigern. Laut Riesman schaffen wir es immer weniger, Wünsche und Ziele in Symbole, also innere Repräsentanzen, zu verwandeln. (vgl. ebd.: 209)

Nachmanovitch vergleicht seinen kreativen Prozess mit einem therapeutischen. Er nutzt es nicht als Ablenkung, sondern spielt, tanzt, zeichnet, schreibt sich den Weg durch seinen Seinszustand hindurch. Ob es Trauer, Enttäuschung, Verwirrung oder Freude ist, spielt keine Rolle. „Wir gehen nicht fort, um die verstörende Sache zu vermeiden, sondern begegnen ihr erneut unter veränderten Rahmenbedingungen." (vgl. Nachmanovitch 2008: 238)

7 Fazit

Meine Arbeit zeigt auf, welche Bedeutung unserer persönlichen, primären Kreativität, sowohl für uns als Individuum, als auch für unsere Kultur zukommt. Durch die Kreativität können wir uns in unserer Einzigartigkeit erkennen und wachsen. Sie dient unserer Selbstverwirklichung. Die persönliche, primäre Kreativität ist in jedem Menschen auf natürliche Weise vorhanden und muss nicht erst als Fähigkeit hervorgebracht werden, sie kann sich in all unseren Handlungen manifestieren.

Kreativität ist immer mit einer Neuschöpfung verbunden. Diese entsteht durch das Zusammentreffen äußerer Reize auf unsere Innenwelt. Durch die Fähigkeit unseres DMN, der neuronalen Basis für kreatives Denken, zu assoziieren und Gedanken in unzähligen Variationen miteinander zu verbinden, können sogar unsere Tagträume schon als kreativer Akt beschrieben werden. Tagträume zeigen nicht nur, dass sich unser Gehirn im Assoziationsmodus befindet, sondern sind auch individueller Ausdruck unseres Selbst und offenbaren somit unsere Ängste und Sehnsüchte. Um zu kreativem Handeln fähig zu sein, bedarf es dem Erkennen und Weiterentwickeln unserer Tagträume. So hat die Kreativität ihren Ursprung in dem bildhaften Denken, in der Vermittlung zwischen Innen- und Außenwelt, aus Sicht des Individuums.

Auf dem Weg zu der Entfaltung unserer Kreativität brauchen wir Mut, denn wir wenden uns dem Unbekannten zu. Gewohnheiten, Routinen und altbekannte Denkmuster stehen unserem Selbst und unserer Kreativität im Weg. Darüber hinaus führt die Beurteilung, unter anderem die schulische, selten zu einer konstruktiven

Potenzialentfaltung. Schon früh erfährt das Kind dass die Abweichung von der Norm zu Ausgrenzung führen kann und neigt deshalb eher zur Konformität als zur Kreativität. Wir haben uns, zugunsten der äußeren Anerkennung, einen einheitlicheren Blick auf die Welt angeeignet. Dies hat womöglich diverse Vorteile, doch in Zusammenhang mit unserer Kreativität ist eine neue Sichtweise und die Anerkennung des Individuums nötig. Unsere individuellen Fähigkeiten sollten beachtet und gewürdigt werden, denn Anerkennung ist eine der Grundbedingungen für unsere Kreativitätsentfaltung.

Das Spiel ist unsere kindliche Quelle der Kreativität und sollte demnach gefördert werden. So könnte Bildung das Verhältnis zwischen Spiel und Forschung und Kreativität durch Begeisterung fördern. Schulen könnten Orte sein, in denen Träumen und offenes Denken ihre Berechtigung haben. In denen der Fehler und das Scheitern als konstruktive Lernquellen betrachtet werden.

Damit unser freier Ausdruck und die Qualität dessen, was wir schaffen, Hand in Hand gehen, ist das konstruktive Urteil von Bedeutung. Dieses kommt einem Redakteur gleich, der den Rohstoff, den unser Vorstellungsvermögen hervorbringt organisiert und formt.

Eine solide Technik kann für den kreativen Schaffensprozess behilflich sein, doch kann bereits im Üben selbst, im Ausprobieren, Spielen und Verwerfen das Schöpferische erkannt werden. Die Begrenzungen die durch die Improvisation gebrochen werden, sind die Mittel um uns selbst zu übertreffen. Dann erkennen wir, dass das Spiel und die Kreativität aus sich selbst heraus existieren und ihr eigener Lohn sind, die Freude an der Tätigkeit selbst sind. So können sich kreative Menschen in vielfacher Weise voneinander unterscheiden, doch haben sie die Gemeinsamkeit, die Tätigkeit, in der sie kreativ arbeiten, zu lieben.

Dabei können wir im Austausch innerhalb einer Gruppe diese Kräfte steigern, wenn eine unterstützende Atmosphäre geschaffen wird, im gegenseitigen Respekt und im vertrauensvollen Rahmen.

Zur Umsetzung der eigenwilligen Ideen ist eine nonkonformistische Haltung sicherlich keine Grundbedingung, aber ein gewisses Durchhaltevermögen und Selbstbewusstsein sind hilfreich und man darf von seiner Arbeit überzeugt sein.

Unvoreingenommenheit und Offenheit gehören zu weiteren wichtigen Voraussetzungen, damit die Möglichkeiten zur kreativen Entfaltung und das Erlebnis von Inspiration gegeben sind. Die Förderung der Kreativität liegt zunächst darin, anzuerkennen, dass wir kreative Wesen sind, man muss sich also zur Kreativität entscheiden. Das heißt sich selbst zu erkennen und in dieser Individualität anzuerkennen.

Wir sind kreative Wesen. Diese Erkenntnis ist der erste Schritt für ein kreativ gelebtes Leben. Durch diese Fähigkeit können wir uns an viele verschiedene Situationen anpassen und können jede Lage als Ausgangspunkt unserer Kreativität nutzen. Anstatt uns als Opfer einer möglicherweise nicht zu ändernden Situation zu sehen, können wir, auf die uns mögliche Weise und mit den zur Verfügung stehenden Materialien, eine kreative Lösung oder einen kreativen Umgang finden und uns in unserer Fähigkeit zu improvisieren erproben und als autonome Individuen unser Leben selbst in die Hand nehmen.

„Das Freie Spiel der Kreativität ist {...} die Fähigkeit, das Leben so zu erleben, wie es ist. Die Erfahrung der Existenz ist eine Reflexion des Seins, welches Schönheit und Bewusstsein ist. Freies Spiel ist das, was diese Erfahrung jedem Individuum zugänglich macht. Das Ziel der Freiheit ist menschliche Kreativität, die Verbesserung und Weiterentwicklung des Lebens." (Nachmanovitch 2008: 143)

Wir können uns unseren Weg prozesshaft erschaffen, anstatt unhinterfragt auf einem Pfad zu gehen, den Alle gehen. Und wir können uns gegenseitig darin unterstützen, indem wir weniger urteilen und die Kreativität, mit all ihren Erscheinungsformen erst einmal wahrnehmen und auf immer neue Weise für uns entscheiden, wie wir damit umgehen wollen. Für ein kreativ gestaltetes Leben brauchen wir die Verbindung zu uns selbst und die Möglichkeit, zu spielen, frei zu experimentieren, zu üben, zu träumen und herauszufinden, was uns im Grunde unseres Herzens begeistert und was wir lieben. Unsere primäre Kreativität findet aus sich selbst heraus statt und nicht für irgendein Ziel, sie ist ihr eigenes Zeil.

Die Inhalte dieser Arbeit beeinflussen mich bereits in meinem Alltag und meiner künstlerischen Arbeit und ich hoffe, dass ich in meiner kunsttherapeutischen Arbeit anderen Menschen Unterstützung auf ihrem Wege zu ihrer Kreativität und zur Verwirklichung ihres Selbst geben kann.

Kreativität ist der Weg vom Brauchen zum Dürfen.

8 Literaturverzeichnis

Adams, James (2004): Think! Einfach genial denken lernen. München: Ullstein Buchverlage GmbH

Ayan, Steve (2016): Locker lassen. Warum weniger denken mehr bringt. Stuttgart: Klett-Cotta

Brodbeck, Karl-Heinz (1997): Ist Kreativität erlernbar? Vortragstext zu Vorträgen in Graz, Heidelberg, Konstanz und Würzburg. Online im Internet unter: https://www.bjoerk.de/graue-zelle/wie-foerdere-ich-kreativitaet/

Brunner, Anne (2008): Kreativer denken. Konzepte und Modelle von A-Z. München: Oldenbourg Wissenschaftsverlag GmbH

Bucher, Anton A. (2014): Wenn es uns zufällt. Inspiration, Kreativität, Spiritualität. In: Die Dynamik der Kreativität (2014) Hg.: Karin Lauermann. Salzburg: Verlag Anton Pustet

Csikszentmihalyi, Mihaly [2] 2015 (1997): Flow und Kreativität. Wie Sie Ihre Grenzen überwinden und das Unmögliche schaffen. Stuttgart: J. G. Cotta'sche Buchhandlung

Csikszentmihalyi, Mihaly [11] 2010 (1985): Das flow-Erlebnis. Jenseits von Angst und Langeweile: im Tun aufgehen. Stuttgart: Cotta'sche Buchhandlung

Döring, Iris/ Mittelstraß, Bettina (2017): Inspiration. Wie Gedanken in den Kopf kommen und daraus Ideen entstehen. Reinbek: Rowohlt Verlag GmbH

Ernst, Heiko (2011): Innenwelten. Warum Tagträume uns kreativer, mutiger und gelassener machen. Stuttgart: J. G.Cotta'sche Buchhandlung

Fink, Andreas (2014): Kreativität und Förderung von Kreativität aus Sicht der Neurowissenschaften. In: Die Dynamik der Kreativität (2014) Hg.: Karin Lauermann. Salzburg: Verlag Anton Pustet

Holm-Hadulla, Rainer M. (2014): Therapeutische Aspekte der Kreativität. In: Die Dynamik der Kreativität (2014) Hg.: Karin Lauermann. Salzburg: Verlag Anton Pustet

Kast, Verena ²2015 (2001): Schöpferische Kraft entdecken. Vom Interesse und vom Sinn der Langeweile. Freiburg im Breisgau: Verlag Herder GmbH

Lauterbach, Ute (2014): Sich losreißen und sich entwerfen. Die schöpferische Pause als Zwischenzeit zum Umsteigen. In: Die Dynamik der Kreativität (2014) Hg.: Karin Lauermann. Salzburg: Verlag Anton Pustet

Nachmanovitch, Stephen (2008): Das Tao der Kreativität. Schöpferische Improvisation in Leben und Kunst. Frankfurt am Main: S. Fischer Verlag GmbH

Rasfeld, Margret (2014): Selbstvertrauen durch Gestalten und Handeln. Visionen einer neuen Schule. In: Die Dynamik der Kreativität (2014) Hg.: Karin Lauermann. Salzburg: Verlag Anton Pustet

Roegiers, Patrick (2005): Magritte an photography. New York: D.A.P/Ludion

Schnabel, Ulrich ([5]2010): Muße. Vom Glück des Nichtstuns. München: Karl Blessing Verlag

Smart, Andrew (2014): Öfter mal auf Autopilot. Warum Nichtstun so wichtig ist. München: Wilhelm Goldmann Verlag

Schuster, Martin (2016): Alltagskreativität. Verstehen und Entwickeln. Berlin: Springer-Verlag

Stangl, Werner (2017): Tagtraum. Online Lexikon für Psychologie und Pädagogik. Online im Interner unter: http://lexikon.stangl.eu/6907/tagtraum/ (16.11.17)

Urban, Klaus K. (2014): Verantwortliche Kreatelligenz als Zukunftskompetenz. In: Die Dynamik der Kreativität (2014) Hg.: Karin Lauermann. Salzburg: Verlag Anton Pustet